Die Mark

BRANDENBURG

EDITORIAL

Anfang des 19. Jahrhunderts macht sich die »Streusandbüchse« Brandenburg-Preußen mit großen Schritten auf den Weg in die Industriegesellschaft, deren historische und gegenwärtige Zeugnisse ganz entscheidend die Identität dieses Landes und seiner Menschen prägten und prägen. Nicht selten wurde in der Mark Brandenburg Technikgeschichte geschrieben. Die Bandbreite reicht vom Eisenkunstguss in Lauchhammer, der Raseneisenerzverhüttung in der Lausitz und der Prignitz, der Spezialpapierherstellung in Hohenofen über Technologien der Braunkohleveredelung, einen innovativen Maschinenbau, grandiose und einmalige Wasserbauanlagen bis hin zum »Liegenden Eifelturm der Lausitz«, wie die Tagebauförderbrücke in Lichterfeld genannt wird. Wer weiß heute noch, dass die Wiege des Rundfunks in Brandenburg steht oder die erste europäische Hochspannungsfernleitung 1912 von Lauchhammer ausgehend nach Riesa führte? Und letztlich wäre um die Wende zum 20. Jahrhundert die Entwicklung Berlins zur weltweit größten Industriestadt ohne die Ressourcen Brandenburgs nicht möglich gewesen. Der Strom kam aus der Lausitz, die Millionen Ziegelsteine, Zement, Kies und Fensterglas sowie Kachelöfen wurden in Glindow, Mildenberg und Bad Freienwalde in Rüdersdorf und der Niederlausitz produziert. Das Land hat jedoch als Pionierland der Technik und industrieller Verfahren in vielen Teilen seinen ländlichen Charme bewahren können.

MATTHIAS BAXMANN

Die Patentpapierfabrik in Hohenofen 2
Das Schiffshebewerk Niederfinow 4
Die Großfunkstation in Nauen 6
Das historische Kalk- und Bergwerk Rüdersdorf 8
Das Stahl- und Walzwerk in Brandenburg an der Havel 12
Reichsautobahntankstelle bei Fürstenwalde-Ketschendorf 16
Das Dampfmaschinenhaus (Moschee) für Potsdam-Sanssouci 18
Der Große Refraktor des Astrophysikalischen Observatoriums in Potsdam 20
Die Ziegelei in Glindow 22
Karte 24/25
Die Scheunenwindmühle in Saalow 26
Die Hutfabrik Steinberg, Herrmann & Co. in Luckenwalde 28
Das Hüttenwerk und der Hammergraben in Peitz 30
Die Brikettfabrik »Louise« in Domsdorf 34
Die Abraumförderbrücke F 60 bei Lichterfeld-Schacksdorf 38
Die »Biotürme« der ehemaligen Großkokerei in Lauchhammer 40
Die Kunst- und Glockengießerei Lauchhammer 42
Die Balancier-Zylindergebläsemaschine in Lauchhammer 46

DIE PATENTPAPIERFABRIK IN HOHENOFEN

Der Name der Ortschaft Hohenofen geht auf seine Geschichte als Standort der Eisenverhüttung zurück. An der Stelle der heutigen Papierfabrik Hohenofen befand sich ursprünglich ein Hüttenwerk, das Ende des 18. Jahrhunderts aufgrund der allmählichen Erschöpfung des verfügbaren Raseneisensteinvorkommens zunächst in eine Saigerhütte zur Silberscheidung umgewandelt wurde, bevor es 1834 von der königlich-preußischen Seehandlungsgesellschaft aufgekauft und zwischen 1836 und 1838 zu einer Papierfabrik mit modernster technischer Ausstattung ausgebaut wurde. Die 1772 von König Friedrich II. gegründete Seehandlungsgesellschaft war für die Industrialisierung der Mark Brandenburg von besonderer Bedeutung und als Institution staatlicher Wirtschaftsförderung u. a. an der Gründung zahlreicher Fabriken in Berlin und Brandenburg beteiligt.

Die Fabrik in Hohenofen wechselte mehrfach ihren Besitzer, wobei sie modernisiert und erweitert wurde. Im Zuge dessen erfolgte die Anschaffung von damals hochmodernen, zum Teil bis heute erhaltenen Produktionsanlagen, deren Herzstück eine Langsiebpapiermaschine von 44 m Länge ist. Nach 1945 unterhielt der VEB Feinpapierfabriken Neu Kaliß die Papierfabrik als Zweigbetrieb. Nach der Wende wurde das Werk von der Treuhand geschlossen. 2003 übernahm der Verein Patent-Papierfabrik Hohenofen e.V. als neuer Pächter der Anlage die Aufgabe, den Erhalt der denkmalgeschützten Bauten und ihrer technischen Ausstattung mit einem musealen Nachnutzungskonzept zu gewährleisten. Die ehemals produktionswichtigen Bereiche werden Besuchern bei Führungen nahegebracht. Die museale Nutzung soll in Zukunft weiter ausgebaut werden, damit der Standort sich zu einem kulturellen Anziehungspunkt der Region entwickelt. Als erste einer Reihe von Instandsetzungsmaßnahmen konnte 2013 mithilfe von staatlichen Fördermitteln eine Sanierung der Dachflächen der Produktionsgebäude durchgeführt werden.

Das denkmalgeschützte Ensemble aus Hauptproduktionsgebäude, Lumpenhaus, Kontorgebäude und hölzernem Klärturm ist aufgrund seines umfangreichen, in sehr gutem Zustand überlieferten Bestandes seltener historischer Produktionsanlagen ein einmaliges Zeugnis der Papierindustrie und der Wirtschaftsgeschichte Brandenburgs.

Matthias Baxmann, Jessica Hänsel

◁ Große Papiermaschine

Ort: Sieversdorf, Ortsteil Hohenofen, Landkreis Ostprignitz-Ruppin
Bauzeit: 1836–1838
www.papierfabrik-hohenofen.de

(v. o. n. u.)
Straßenansicht

Holländersaal

Hölzerner Klärturm auf dem Fabrikhof

(Alle Fotos: Peter Thieme)

DAS SCHIFFSHEBEWERK NIEDERFINOW

Im Nordosten des Landes Brandenburg ist nahe der Ortschaft Niederfinow das älteste noch in Betrieb befindliche Schiffshebewerk Europas zu besichtigen, das bei seiner Fertigstellung die weltweit größte Anlage dieser Art darstellte.

1914 ging der Großschifffahrtsweg Berlin–Stettin als neue Oder-Havel-Wasserstraße in Betrieb. Für die Bewältigung des 36 m umfassenden Höhenunterschieds des Abstiegs zur Oder bei Niederfinow diente eine aus vier Schachtschleusen bestehende Schleusentreppe, deren Regeldurchfahrt rund 90 Minuten betrug. Da die Schleusentreppe sehr bald an die Grenzen ihrer Leistungsfähigkeit gelangte, baute man ab 1926 ein für damalige Verhältnisse gewaltiges Schiffshebewerk. Das neue, nach dem Gegengewichtsprinzip arbeitende Senkrechthebewerk, mit dem der Schleusungsvorgang auf insgesamt 20 Minuten reduziert werden konnte, ging 1934 in Betrieb.

Die Gelenkrahmenkonstruktion des 94 m langen, 27 m breiten und 60 m hohen Schiffshebewerks wurde mit Stahlpfeilern verankert. Die 52 mm starken Stahlseile, an denen der zur Beförderung der Schiffe dienende Trog aufgehängt ist, tragen an ihrem anderen Ende mehr als 4 000 t schwere Betongegengewichte, die mithilfe von Elektromotoren gesteuert werden. Die Zufahrt zum Oberhaupt erfolgt über eine Stahlfachwerkkanalbrücke, die zum Kanal hin mit einem Schleusentor abgesperrt werden kann. Die von den Schub- oder Schleppschiffen im Bereich des Hebewerks abgekoppelten Prahme werden heute mit einer Seilzuganlage getreidelt. Eine der ursprünglich zu diesem Zweck genutzten Treidellokomotiven befindet sich auf der Kanalbrücke.

Obwohl das Schiffshebewerk Niederfinow eine bemerkenswerte, nach wie vor voll funktionstüchtige technische Pionierleistung ist, fiel 1997 die Entscheidung zum Neubau eines leistungsfähigeren Schiffshebewerks in direkter Nachbarschaft zum historischen Bauwerk. Der Betrieb des denkmalgeschützten Hebewerks, das 2007 die Auszeichnung »Historisches Wahrzeichen der Ingenieurbaukunst in Deutschland« von der Bundesingenieurkammer erhielt, soll zunächst bis 2025 für den touristischen Verkehr aufrechterhalten werden. Danach ist seine Finanzierung ungewiss.

Matthias Baxmann, Jessica Hänsel

Ort: Niederfinow, Landkreis Barnim
Bauzeit: 1927–1934
www.schiffshebewerk-niederfinow.info

(v. o. n. u.)
Oberhaupt mit Treidellokomotive

Seilscheibenbühne

Hebetrog mit Steuerhäusern

◁ Schiffshebewerk mit Kanalbrücke

(Alle Fotos: Matthias Baxmann)

DIE GROSSFUNKSTATION IN NAUEN

Rund 40 km nordwestlich von Berlin befindet sich die älteste erhaltene Großfunksendeanlage der Welt. Bereits 1906 ging auf dem Gelände eine Versuchsfunkstation der Telefunken AG in Betrieb. Mit ihrem 35-kW-Knallfunkensender stellte die Sendeanlage Nauen die weltweit erste Großfunkstation dar. In der Folgezeit wurde ihre technische Ausstattung fortlaufend modernisiert. 1918 konnten die von der Großfunkstation ausgesendeten Signale bereits international empfangen werden. Ihre Hauptantenne erstreckte sich über eine Länge von 2484 m.

Die baulichen Anlagen wurden bis 1920 zu einem zusammenhängenden Komplex erweitert. Mit dem Entwurf war der Architekt Hermann Muthesius betraut worden, der heute als Vorreiter des Funktionalismus gilt. Muthesius konzipierte das neue Sendergebäude als Klinkerbau auf kreuzförmigem Grundriss mit einer großzügig durchfensterten Hauptfassade, die sich in einem vorgelagerten Kühlwasserbecken widerspiegelt. Seine streng axiale Ausrichtung und seine repräsentativ gestaltete Fassade überhöhen den Bau und zeugen von der herausragenden Bedeutung, die der Funktechnik in dieser Zeit zukam.

Bis zum Zweiten Weltkrieg wurde die Großfunkstelle Nauen kontinuierlich erweitert und modernisiert. Die sowjetische Besatzungsmacht ließ nach 1945 die technische Ausstattung demontieren. Der Wiederaufbau der Sendestelle mit Kurzwellensendern begann Mitte der 1950er Jahre. Die Funkstelle diente zunächst diplomatischen Kontakten und ab 1958 auch für den Auslandsrundfunk der DDR. Von hier wurden außerdem das »Nauener Zeitzeichen« (zur Positionsbestimmung auf See), der zentrale Wetterdienst sowie alle ADN-Nachrichten gesendet. Die Deutsche Post errichtete 1964 eine der ersten drehbaren Kurzwellenantennen, die heute noch existiert.

In der Nachwendezeit wurde wiederum ein Großteil der Sendeanlagen demontiert. Anschließend bediente die Großfunkstation Nauen noch den Kurzwellenrundfunk, für den Mitte der 1990er Jahre vier drehbare ALISS-Antennen aufgestellt wurden. Heute werden die Anlagen durch das Unternehmen Media Broadcast betrieben. Seit 2004 wird der gesamte historische Komplex, dessen Hauptsendegebäude bereits seit 1982 unter Denkmalschutz steht, in der Denkmalliste des Landes Brandenburg geführt.

Matthias Baxmann, Jessica Hänsel

Ort: Nauen,
Landkreis Havelland
Architekt: Hermann Muthesius
Bauzeit: 1917–1920
www.nauen.de/verzeichnis/objekt.php?mandat=62548

(v. o. n. u.)
Sendesaal, Innenansicht

Eingangsfassade des Sendehauses mit vorgelagertem Kühlbecken

Sendehaus, im Hintergrund Kurzwellenantenne

◁ Dreh- und schwenkbare 200-kW-Kurzwellenantenne von 1964

(Alle Fotos: Holger Herschel)

DAS HISTORISCHE KALK- UND BERGWERK RÜDERSDORF

In der Umgebung der brandenburgischen Stadt Rüdersdorf befindet sich das größte Kalksteinvorkommen Norddeutschlands. Abbau und Verarbeitung des Kalksteins haben nicht nur die Entwicklung der Region, sondern auch die der gesamten deutschen Baustoffindustrie maßgeblich beeinflusst. Ein besonderes Zeugnis dafür sind die Anlagen, Gebäude und Maschinen, des historischen Kalk- und Bergwerks, die heute in einem Museumspark präsentiert werden.

Ort: Rüdersdorf, Landkreis Märkisch-Oderland
Bauzeit: ab 1770
www.museumspark.de

△◁ **Schachtofenbatterie**

Der Abbau von Kalkstein begann im Rüdersdorfer Kalkbruch vermutlich im 13. Jahrhundert. Ab dem 18. Jahrhundert erfolgte auch die Produktion von Branntkalk. Zum Abtransport der Werksteine und des Branntkalks wurden zahlreiche Kanäle angelegt, die die Kalkbrüche an das Wasserstraßennetz von Spree und Havel anschlossen. Im 19. Jahrhundert gehörten die Rüdersdorfer Anlagen zu den wichtigsten Baustoff-

Seilscheibenpfeiler und Seilbahnumlenkstation

(v. l. n. r.)
Lore

Bülowportal des Bülowkanals

lieferanten der expandierenden Industriemetropole Berlin. Die Brenntechnologie der Rüdersdorfer Kalköfen hatte damals bereits einen Stand erreicht, der auf dem europäischen Kontinent einzigartig war.

Die vorindustrielle Bauart für Brennöfen zur Herstellung von Branntkalk war der Kammerbrennofen, von dem auf dem Areal des Museumsparks noch zwei Exemplare von 1774 vorhanden sind. Mit dem Bau von Rumfordöfen, benannt nach ihrem Erfinder Benjamin Count of Rumford, begann das industrielle Zeitalter der Branntkalkproduktion. Der erste nach diesem Prinzip arbeitende Ofen wurde 1803 in Rüdersdorf installiert und in den folgenden Jahren durch weitere Öfen

ergänzt. Nachdem der Metropolenausbau Berlins nach 1871 in ein neues Stadium getreten war, reichte die Produktionskapazität der Anlagen in Rüdersdorf nicht mehr aus. Umfangreiche Modernisierungen waren notwendig, deren Kernstück eine zusammengefasste Schachtofenanlage aus 18 Brennöfen Rumfordschen Bautyps darstellt.

Ab 1990 konnte die museale Erschließung der historischen Anlagen des Kalk- und Bergwerks in Form des rund 17 Hektar umfassenden »Museumsparks Rüdersdorf« umgesetzt werden. Während die überlieferten Produktionsanlagen die einzelnen Schritte der Kalkgewinnung und -verarbeitung veranschaulichen, zeugen die erhaltenen Wohn- und Sozialgebäude von den Lebensbedingungen der ehemals hier beschäftigten Bergbau- und Hüttenarbeiter. Auch die Tagebausohle selbst kann im Rahmen von Führungen besichtigt werden. Eine in der ehemaligen Zentralkaue des Kalkwerkes eingerichtete Ausstellung über die Geschichte der Baustoffindustrie in Rüdersdorf ergänzt das museale Angebot.

Matthias Baxmann, Jessica Hänsel

Rumfordofen mit Zirkelbogenbrücke (Förderbrücke)

(Fotos: Matthias Baxmann S. 10 o., 10 u. r., Hendrik Bäßler S. 8, 9, 10 u. l., 11)

30
R169
12
12

DAS STAHL- UND WALZWERK IN BRANDENBURG AN DER HAVEL

Ihre Nähe zur Großstadt Berlin und ihre gute Anbindung an das regionale Wasserstraßen- und Eisenbahnnetz machten die Stadt Brandenburg an der Havel um die vorletzte Jahrhundertwende zu einem idealen Standort für die Ansiedlung von Industrie. Der Unternehmer Rudolf Weber erwarb 1912 ein ausgedehntes Gelände am Brandenburger Silokanal und errichtete dort ein Stahl- und Blechwalzwerk. Der erste Stahlabstich erfolgte 1914 in zwei nach dem Siemens-Martin-Verfahren arbeitenden Hochöfen. 1926 übernahm die Mitteldeutsche Stahlwerke AG des Flick-Konzerns das Werk. Im Zuge der Kriegsvorbereitungen des nationalsozialistischen Regimes wurde es ab 1936 zu einem Rüstungsbetrieb ausgebaut. Sieben Siemens-Martin-Öfen und vier Elektroöfen dienten der Stahlproduktion, während in neu errichteten Produktionsgebäuden u. a. Bauteile für Panzer hergestellt wurden.

Ort: Brandenburg an der Havel
Bauzeit: um 1950
www.industriemuseum-brandenburg.de

Gießereihalle

Die Sowjetische Militäradministration ließ nach 1945 das Stahl- und Walzwerk als Reparationsleistung demontieren und verbrachte es in die Sowjetunion. 1949 beschloss die Regierung der neu gegründeten DDR den Wiederauf- und Ausbau des Werks zu einem der bedeutendsten Standorte der Schwerindustrie der jungen Republik. Bereits ein Jahr später produzierte das Werk wieder Stahl. Parallel zum Silokanal errichtete man eine funktional und sachlich gestaltete Stahlfachwerkhalle, in der im Laufe der Jahre insgesamt zwölf Siemens-Martin-Öfen aufgestellt wurden.

Die Treuhand wickelte Anfang der 1990er Jahre den als nicht mehr konkurrenzfähig angesehenen Betrieb ab. Wäh-

◁ Gießereihalle, Abstichbühne

Siemens-Martin-Ofen

rend sich für das in den 1980er Jahren eingerichtete Elektrostahlwerk ein Investor fand, wurden die Siemens-Martin-Öfen des Hauptwerks bis 1993 außer Betrieb genommen und demontiert. Lediglich der 1967 erbaute Siemens-Martin-Ofen XII konnte als Letzter seiner Art in Westeuropa erhalten und unter Denkmalschutz gestellt werden. 1998 eröffnete der Förderverein Stahlmuseum Brandenburg an der Havel e.V. im westlichen Teil der Ofenhalle ein Industriemuseum, in dem neben dem Siemens-Martin-Ofen noch zahlreiche weitere Ausstellungsstücke die Geschichte der Stahlindustrie in der Stadt Brandenburg vermitteln. Im Jahr 2000 wurde die Einrichtung, die heute ein Ankerpunkt der Europäischen Route der Industriekultur ist, durch einen Museumsneubau ergänzt.

Matthias Baxmann, Jessica Hänsel

(Alle Fotos: Holger Herschel)

▽ Gießereihalle, Abstichseite

REICHSAUTOBAHNTANKSTELLE BEI FÜRSTENWALDE-KETSCHENDORF

Ort: Bundesautobahn 12 (A 12), Autobahnausfahrt Fürstenwalde, Landkreis Oder-Spree
Bauzeit: 1937

Unser heutiges Bundesautobahnnetz beruht auf dem ab 1933 ausgeführten Großprojekt »Reichsautobahn«, das für das nationalsozialistische Regime einen außerordentlich hohen Prestigewert hatte. Es ist daher nicht verwunderlich, dass so namhafte Architekten wie Paul Bonatz und Werner March zur Gestaltung der erforderlichen Hochbauten wie Brücken, Autobahnmeistereien, Tankstellen und Raststätten herangezogen wurden.

In der ersten Bauphase der Reichsautobahnen entstand eine Reihe von modernen Tankstellen-Typenentwürfen. Zu diesen zählt auch der 1937 nach einem Entwurf des Architekten Friedrich Tamms errichtete Tankstellentyp »Fürstenwalde« an der Autobahnausfahrt Fürstenwalde-Ketschendorf der Strecke Frankfurt (Oder)–Stettin. Die Anlage basiert im Grundriss auf einem gleichschenkligen Dreieck, dessen nördlicher Teil von dem Tankstellenhäuschen eingenommen wird. Das Gebäude beherbergte ursprünglich einen Kassen- und Gästeraum, Toiletten und einen Ölraum. Vier schlanke Stahlbetonstützen tragen das dynamisch geschwungene Flugdach der Tankstelle, das in zwei V-förmig auskragenden, an den Kanten abgerundeten Flügel ausläuft. Je zwei Säulen rahmen die Tankinsel ein, die beidseitig mit zwei Zapfsäulen bestückt war.

◁ Reichautobahntankstelle Typ »Fürstenwalde«, A 12, Abfahrt Fürstenwalde-West (Ansicht von Süden)

(v. o. n. u.)
Detail des Tankstellenhäuschens

Historische Aufnahme der Tankstelle, Repro aus: *Zentralblatt der Bauverwaltung*, 1942

Die Tankstelle Typ »Fürstenwalde« ist zugleich Prototyp und charakteristischer Vertreter der ersten Generation von Reichsautobahntankstellen, deren sachliche, hochfunktionale Gestaltung eine Besonderheit unter den Staatsbauten des Nationalsozialismus darstellt. Nachdem jedoch öffentlich Kritik an ihrer Ästhetik des Neuen Bauens geäußert worden war, wurde für die nach 1937 errichteten Tankstellen eine gestalterische Neuorientierung durchgesetzt, wobei bevorzugt traditionalistische Gestaltungselemente zur Ausführung kamen.

1996 in die Denkmalliste des Landes Brandenburg aufgenommen und grundlegend saniert, ist die Anlage heute ohne Nutzung. Als letzte erhaltene Tankstelle vom Typ »Fürstenwalde« in Deutschland – es existieren lediglich noch zwei weitere Exemplare dieser Bauart an der polnischen Autostrada A 4 – stellt sie ein herausragendes Zeugnis des historischen Großprojekts »Reichsautobahn« sowie der Verkehrs- und Technikgeschichte des 20. Jahrhunderts dar.

Matthias Baxmann, Jessica Hänsel

(Alle Fotos: Matthias Baxmann)

DAS DAMPFMASCHINENHAUS (MOSCHEE) FÜR POTSDAM-SANSSOUCI

Ort: Potsdam
Bauzeit: 1841/42
www.spsg.de/schloesser-gaerten/objekt/dampfmaschinenhaus-moschee

◁ Maschinenraum: Maschinengestell in der oberen Etage mit Fliehkraftregler

Inspiriert von den Versailler Wasserkünsten, sollte nach dem Willen Friedrichs II. bereits im 18. Jahrhundert eine Fontänenanlage den Park der königlichen Sommerresidenz beleben. Doch sämtliche Versuche bis 1780 scheiterten mangels technischer Voraussetzungen. Am Ende hatte Friedrich damit insgesamt 340 000 Taler im wahrsten Sinne in den märkischen Sand gesetzt – für damalige Zeiten eine beachtliche Summe.

Was der Urgroßonkel vorausgedacht, ließ 80 Jahre später Friedrich Wilhelm IV. vollenden. Er beauftragte den Baurat Ludwig Persius mit der Projektierung des kompletten Wasserwerks einschließlich der Wasserkünste. In Anlehnung an eine maurische Moschee entstand das Dampfmaschinenhaus innerhalb von nur 18 Monaten, sodass im Oktober 1842 das Pumpwerk in Betrieb gesetzt werden konnte. Entscheidenden Anteil an der technischen Ausführung hatte vor allem der Maschinenbaumeister August Borsig. Dessen doppelt zylindrische, auf eisernen Säulen ruhende Dampfmaschine ist das Glanzstück der Maschinenanlage und entspricht im Prinzip der Wattschen Bauart von 1784. Hoch oben, im überkuppelten, mit orientalischer Mosaikdekoration verzierten Maschinenraum befindet sich die Kurbelwelle, die von senkrecht arbeitenden Kolbenstangen angetrieben wird und beiderseits zu den benachbarten Pumpenkammern führt. Ursprünglich arbeiteten zwölf einfach und zwei doppelt wirkende Saug- und Hebepumpen, mit denen das Havelwasser in das rund zwei Kilometer entfernt liegende, bereits unter Friedrich II. angelegte, 8 000 m³ fassende Wasserbecken auf dem Ruinenberg hinter dem Schloss gepumpt wurde. Das geschah nachts, um tagsüber genügend Wasser vorrätig zu haben, damit es über Gefälleleitungen (wie bei profanen Wassertürmen) mit dem entsprechenden Gefälledruck in die Rohrnetze des Parks fließen konnte. Die hochführende Rohrleitung diente gleichzeitig mithilfe eines Schiebersystems als Fallrohr für die Hauptfontäne unterhalb des Schlosses. Havelseitig befindet sich der Kesselraum, dessen 36 m hoher Schornstein im schlanken Minarett des sehr harmonisch gegliederten Baukörpers als solcher kaum wahrzunehmen ist.

In ihrer Ausführung ist die Dampfmaschine mit einer Leistung von 80 PS (60 kW) einzigartig. Bis 1936 war sie in Betrieb – bis Kreiselpumpen ihre Arbeit übernahmen. Auch wenn sie für Touristen nur noch elektrisch angetrieben wird, ist der Betrachter überwältigt angesichts der Einheit von präziser, kraftvoller Technik und kunstvoll-phantasiereicher Architektur. Zur Einweihung der Anlage 1842 erreichte die große Fontäne im Park von Sanssouci eine Steighöhe von 36 m.

Reinhard Wahren

(v. o. n. u.)
Außenansicht

Maschinenraum mit orientalisch inspirierter Mosaikdekoration

Schablonenmalerei in der Kuppel

(Fotos: Bildarchiv Marburg, S. 19 o. Matthias Baxmann)

DER GROSSE REFRAKTOR DES ASTROPHYSIKALISCHEN OBSERVATORIUMS IN POTSDAM

Zwischen 1876 und 1877 erfolgte die Errichtung des Astrophysikalischen Observatoriums auf dem Telegrafenberg in Potsdam als erster speziell für Astrophysik konzipierter Sternwartenbau. Ende des 19. Jahrhunderts wurde das Observatorium um weitere Forschungseinrichtungen ergänzt, sodass ein einzigartiger Wissenschaftskomplex entstand. Der von 1920 bis 1921 nach Entwürfen Erich Mendelsohns auf dem Gelände errichtete Einsteinturm bildet den außergewöhnlichen architektonischen Schlusspunkt.

Die historischen Anlagen auf dem Telegrafenberg stehen seit 1983 unter Denkmalschutz. Sie werden durch das Leibniz-Institut für Astrophysik Potsdam (AIP) genutzt. Zu ihren bemerkenswerten historischen Instrumenten zählt der 1899 als Hauptteleskop in Betrieb genommene Große Refraktor. Während der Entwurf seiner baulichen Hülle mit der drehbaren, 21 m weiten Stahlblechkuppel von dem Architekten Paul Spieker stammt, wurde das Teleskop selbst von dem Glastechnischen Laboratorium Schott & Genossen in Jena und der Siemens & Halske Maschinenfabrik in Berlin angefertigt. Es handelt sich um ein aus zwei gekoppelten Teleskopen bestehendes, etwa 12 m langes Linsenfernrohr, das auf einer gusseisernen Säule mit eigenem Fundament montiert ist. Sein Astrograf, das größere der beiden Fernrohre, diente der fotografischen Dokumentation. Das kleinere optische Fernrohr wurde u. a. als Leitfernrohr des Astrografen genutzt.

Der Große Refraktor erlitt im Zweiten Weltkrieg schwere Schäden, deren Reparatur wurde 1953 abgeschlossen. Das modernisierte Instrument wurde bis 1968 wissenschaftlich genutzt, danach aber über mehrere Jahrzehnte vernachlässigt. Erst 1999 konnten Instandsetzungsmaßnahmen vorgenommen werden, für die der Förderverein Großer Refraktor Potsdam e. V. Spendengelder und staatliche Fördermittel generiert hatte. Die Restaurierung der Kuppel sowie der Mechanik und der Optik des Teleskops erfolgte ab 2001. Das Instrument wurde dazu 2003 nach Jena verbracht, von einer Spezialfirma in seine Einzelteile zerlegt und fachgerecht aufgearbeitet. 2006 konnte der wieder funktionstüchtige Große Refraktor der Öffentlichkeit als einzigartiges Denkmal der astrophysikalischen Wissenschafts- und Technikgeschichte präsentiert werden.

Matthias Baxmann, Jessica Hänsel

Ort: Potsdam
Architekten/Ingenieure:
Paul Spieker und Eduard Saal;
Schott & Gen.
und Siemens & Halske
(Teleskop)
Bauzeit: 1896–1899
www.aip.de/de

(Alle Fotos: Holger Herschel)

▽ Eingangsseite

◁ Innenansicht mit Refraktor

Detailansicht des Großen Refraktors ▷

DIE ZIEGELEI IN GLINDOW

Glindow, südlich von Werder (Havel) gelegen, verdankt seine reizvolle Umgebung dem jahrhundertelangen Tonabbau in dieser Gegend. »Glina« stammt aus dem Wendischen und bedeutet Lehm. Der Ort wurde im 19. Jahrhundert zum wichtigsten Ziegeleizentrum für Brandenburg und die aufstrebende Reichshauptstadt. Havelaufwärts wurden die Ziegel mit den auf den Werften des nahe gelegenen Caputh gebauten, 40 m langen Zillen nach Berlin gebracht. »Ohne diesen Reichtum«, so Theodor Fontane, der bereits 1869 den »großen Ziegelofen der Residenz« besuchte, »wäre das riesige Wachstum der Stadt nahezu eine Unmöglichkeit gewesen. Ein ganzes Berlin steckt in den Glindower Bergen.« So erstreckte sich die Blütezeit der Glindower Ziegelindustrie von 1850 bis 1910. Heute sind von den damals 60 Hoffmannschen Ringöfen, benannt nach deren Erfinder Friedrich Hoffmann, noch zwei erhalten. 1870 als Doppelofen mit einem gemeinsamen Schornstein gebaut, ist einer noch in Betrieb und brennt Ziegelsteine sowie Bodenplatten zur Sanierung historischer Bauten und Denkmale. Das Ringofenprinzip, mit der einst die Ziegelfertigung revolutionierenden Technik, war die erste industrielle Anwendung der Energieeinsparung durch systematische Abwärmenutzung. Friedrich Hoffmann erhielt für sein damals bahnbrechendes Patent den Grand Prix der Weltausstellung in Paris 1867. Im 20. Jahrhundert wurden die Ringöfen nach und nach durch Tunnelöfen ersetzt. Doch die individuelle Glindower Brenntechnik mit Kohle kommt differenzierteren Anforderungen, besonders der Denkmalpflege, wesentlich näher. Heute wird die Ziegelei als Neue Ziegelmanufaktur Glindow UG mit 19 Beschäftigten geführt und beliefert erfolgreich den Markt für keramische Spezialerzeugnisse von der Schweiz bis Norwegen mit Schwerpunkt Norddeutschland und Dänemark. Die Manufaktur ist in der Lage, nach Vorlage historischer Muster oder Zeichnungen Ziegel, Formsteine und Bodenplatten mit und ohne Glasur zu produzieren. Seit einigen Jahren werden zunehmend keramische Elemente für die zeitgenössische Kunst gefertigt. Der Trend zum Ursprünglichen veranlasst auch immer mehr private Bauherren, Architekten und Landschaftsarchitekten, handgemachte Ziegelsteine und Bodenplatten einzusetzen. Die Stadt Werder (Havel) betreibt mit dem Förderverein Historische Ziegelei Glindow e.V. in direkter Nachbarschaft das Märkische Ziegeleimuseum Glindow. Besucher erhalten so hautnah Einblicke in die Ziegelherstellung vergangener Zeiten. Eine Wanderung in die benachbarten Glindower Alpen lässt heute noch die enormen Eingriffe in die Natur beim Abbau der schier unendlichen Tonvorkommen erahnen.

Reinhard Wahren

Ort: Glindow,
Landkreis: Potsdam-Mittelmark
Bauzeit: seit 1458
www.ziegelmanufaktur.com

◁ Der Ziegeleiturm, errichtet um 1890

(v. o. n. u.)
Gesamtansicht Hoffmannscher Ringofen

Schürebene des Ringofens

Handstreicher schlägt
Tonbatzen in die Holzform

(Alle Fotos: Neue Ziegel-Manufaktur Glindow UG)

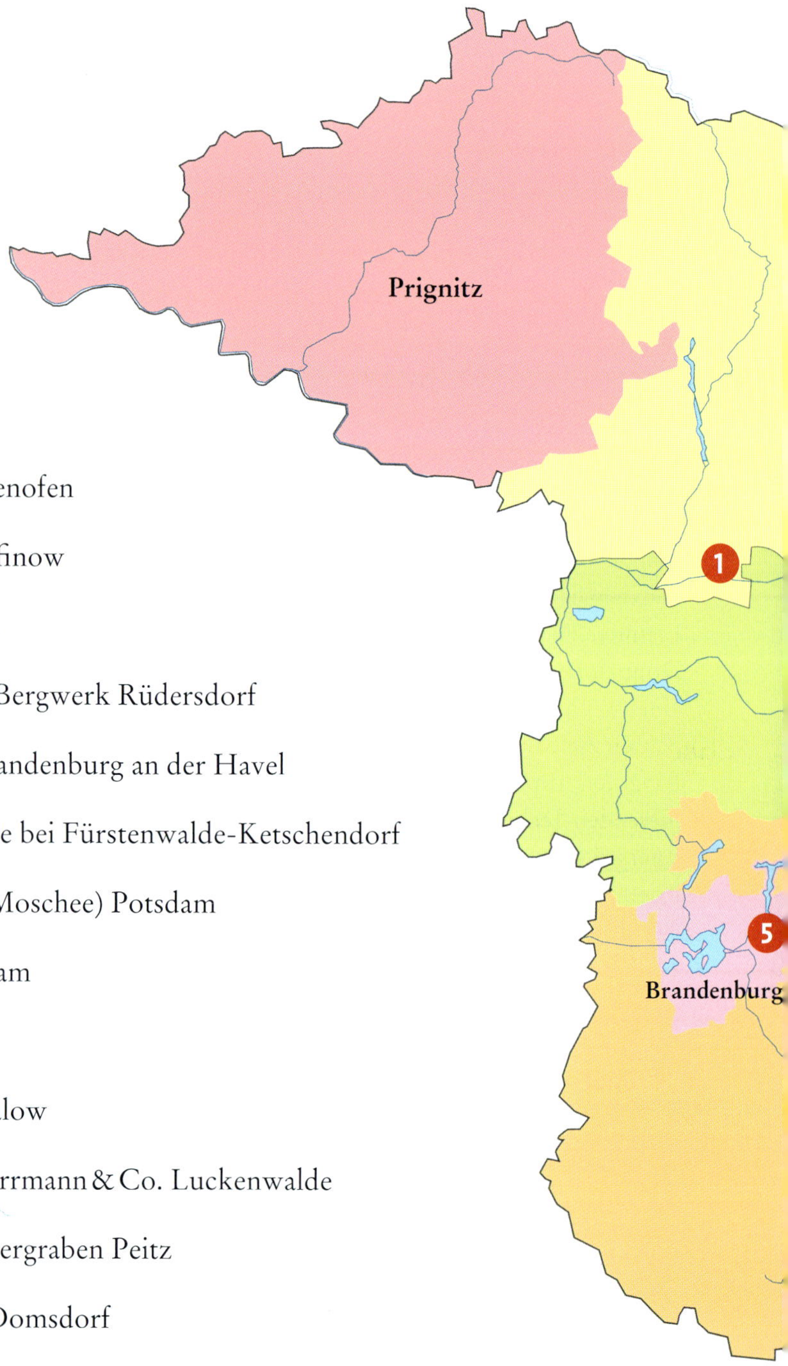

Legende

1 Patentpapierfabrik Hohenofen

2 Schiffshebewerk Niederfinow

3 Großfunkstation Nauen

4 Historisches Kalk- und Bergwerk Rüdersdorf

5 Stahl- und Walzwerk Brandenburg an der Havel

6 Reichsautobahntankstelle bei Fürstenwalde-Ketschendorf

7 Dampfmaschinenhaus (Moschee) Potsdam

8 Großer Refraktor Potsdam

9 Ziegelei Glindow

10 Scheunenwindmühle Saalow

11 Hutfabrik Steinberg, Herrmann & Co. Luckenwalde

12 Hüttenwerk und Hammergraben Peitz

13 Brikettfabrik »Louise« Domsdorf

14 Abraumförderbrücke F 60 bei Lichterfeld-Schacksdorf

15 »Biotürme« Lauchhammer

16 Kunst- und Glockengießerei Lauchhammer

17 Balancier-Zylindergebläsemaschine Lauchhammer

Quelle: nach Wikimedia Commons/TUBS

Ukermark
Ostprignitz-
Ruppin
Oberhavel
2
Barnim
3
Havelland
Märkisch-Oderland
Berlin
4
Potsdam
7
8
9
6
Potsdam-
Mittelmark
11
10
Oder-Spree
Teltow-Fläming
Dahme-Spreewald
12
Ober-
spreewald-
Lausitz
Cottbus
15
Spree-Neiße
13
14
17
16
Elbe-Elster

DIE SCHEUNENWINDMÜHLE IN SAALOW

Die weltweit einzigartige Scheunenwindmühle in Saalow stammt aus Podemus, einem sächsischen Dorf, heute nach Dresden eingemeindet. Ihr Erbauer, Johann Traugott Lebrecht Schubert (1820–1889), war Kleinbauer und Besitzer eines Viertelhufengehöfts. Vermutlich zur Arbeitserleichterung baute er eine eigene Mühle. Er bewies dabei eine außerordentliche handwerkliche und technische Begabung, obwohl sich das Konzept nie durchsetzen konnte. Die Mühle blieb allerdings zu seinen Lebzeiten unvollendet, sodass sie kein Mehl produzieren konnte.

Die Mühle existierte in ihrem Urzustand von 1864 bis etwa 1914, danach wurden die Flügel abgebaut. Sie wurde mit einem Elektromotor über einen Flachriemen zum Kammrad angetrieben und verrichtete so ihren Dienst bis 1957. Wegen Baufälligkeit wurde das Gebäude im Jahr 1974 abgerissen. Das Institut für Denkmalpflege dokumentierte die noch vorhandenen Teile der Mühlentechnik und das Museum für Volkskunst Dresden barg sie für eine spätere museale Wiederherstellung.

Diese Neuerrichtung fand dann schließlich 1992/93 in Saalow statt. Hier wurde die noch erhaltene Mühlentechnik in einem eigens dafür errichteten Gebäude aufgebaut und fehlende Teile ergänzt. Die Scheunenwindmühle ist ein eingetragenes, geschütztes technisches Denkmal.

Unmittelbar hinter dem vierflügeligen achteckigen Tor befindet sich das 80 cm tiefe Gehäuse, in dem das Windrad mit 4,70 m Durchmesser läuft. Auf der Windradwelle sitzen zwei gleich große Kammräder. Auf dem vorderen sind 24 Flügel eingefügt. Über dem hinteren Kammrad ist ein radiales Schleifholz angebracht, mit dem man mittels Spindel und Kettenantrieb vom Mühlenraum aus den gesamten Mechanismus bremsen kann. Das Stockgetriebe des vorderen Kammrads führt in das Obergeschoss und treibt den Mühlengang, das hintere dient dem Beutelwerk. Bei Inbetriebnahme der Mühle werden die Torflügel geöffnet und wirken in dieser Stellung als Leitflächen für den einströmenden Wind.

Es existiert ein zweites Windrad, ebenfalls hinter einem achteckigen Tor. Es steht im rechten Winkel zum ersten Rad, hat Außen- und Innenlagerung und weist eine leicht kegelig stehende Verzahnung auf. Der Durchmesser beträgt 3,85 m. Der Verwendungszweck ist nicht geklärt, jedoch kann der von diesem Rad erzeugte Flügelwind durch einen Kanal dem anderen Windrad zugefügt werden.

FÜR DEN VEREIN SCHEUNENWINDMÜHLE SAALOW E.V.
MARIANNE FREY, WOLF-RÜDIGER HEINZ, THEO BOSS

Ort: Saalow,
Landkreis Teltow-Fläming
Bauzeit: um 1864
www.scheunenwindmuehle.de

◁ Westgiebel mit kleinem Windrad

(v. o. n. u.)
Großes Windrad

Antriebstechnik im Untergeschoss

(Fotos: Hendrik Bäßler, Verein Scheunenwindmühle Saalow e. V. S. 27 u.)

DIE HUTFABRIK STEINBERG, HERRMANN & CO. IN LUCKENWALDE

Ort: Luckenwalde, Landkreis Teltow-Fläming
Architekt: Erich Mendelsohn
Bauzeit: 1921–1924

Südwestlich des Stadtzentrums von Luckenwalde befindet sich ein Bauwerk, das als »Inkunabel der modernen Industriearchitektur« bekannt geworden ist: die ehemalige Hutfabrik Steinberg, Herrmann & Co. In Anlehnung an ihren berühmten Architekten wird die Färbereihalle der Fabrikanlage heute als »Mendelsohnhalle« bezeichnet. Zu dem Denkmalensemble gehören neben der besagten Halle noch ein Pförtnerhäuschen und ein Kessel- und Maschinenhaus sowie ein Verwaltungs- und ein Produktionsgebäude aus den 1930er Jahren.

◁ Dachkonstruktion der Färbereihalle

◁ Produktionshallen, Innenansicht

Bei der Hutfabrik Steinberg, Herrmann & Co. handelte es sich um eine 1921 verwirklichte Zusammenlegung zweier erfolgreicher Familienunternehmen der Stadt Luckenwalde, in der die Hutproduktion bereits seit Anfang des 19. Jahrhunderts etabliert war. Mit dem Entwurf des Neubaus einer gemeinsamen Fabrikanlage wurde der zu diesem Zeitpunkt noch am Beginn seiner Karriere stehende Architekt Erich Mendelsohn beauftragt. Die zwischen 1921 und 1923 errichtete Fabrik ging bereits 1934 in den Besitz der für die Rüstungsindustrie arbeitenden Norddeutschen Maschinenbau AG über. Die Produktionsumstellung machte tiefgreifende Veränderungen notwendig, u. a. wurde das charakteristische Dach der Färbereihalle abgerissen.

(v. o. n. u.)
Außenansicht

Produktionshallen

Nach dem Zweiten Weltkrieg ging die technische Ausstattung der Fabrik als Reparationsleistung in die UdSSR, während die Gebäude bis 1956 als Werkstatt genutzt wurden. Anschließend dienten sie als Produktionsstätte des VEB Wälzlagerwerks Luckenwalde. Seit 2001 ist ein Berliner Bauunternehmen Eigentümer der weiterhin leer stehenden Anlage. Im selben Jahr konnte mit Mitteln der Deutschen Stiftung Denkmalschutz eine Sicherung der Bausubstanz vorgenommen sowie von 2006 bis 2011 das Dach der Färbereihalle rekonstruiert werden. Die 17 m hohe Dachkonstruktion, die ursprünglich als Entlüftungssystem für beim Färbevorgang entstehenden Dämpfe diente, spiegelt eindrücklich wider, wie geschickt Mendelsohn sein Gestaltungskonzept den technischen Anforderungen der Produktion anzupassen wusste. Mit ihrer vorbildhaft auf den Produktionsablauf eingehenden Architektur und ihrer herausragenden expressionistischen Gestaltung ist die ehemalige Hutfabrik ein maßstabsetzender Industriebau ihrer Zeit.

Matthias Baxmann, Jessica Hänsel

(Fotos: Holger Herschel, Hendrik Bäßler S. 29 o.)

DAS HÜTTENWERK UND DER HAMMERGRABEN IN PEITZ

Das ehemalige Eisenhüttenwerk in Peitz beherbergt die älteste funktionsfähige Gießereianlage Deutschlands. Seit dem 16. Jahrhundert war das Werk eine Waffenschmiede der preußischen Festungen Peitz, Spandau und Küstrin. Die ausgedehnten Raseneisenerzvorkommen der Region Peitz dienten ihm als Rohstoffgrundlage. Die Prozessenergie für die Hammerwerke und die Gebläse der Hütte lieferte der Hammergraben, der zeitnah mit dem Bau der Hämmer und der Hütte als Verbindung von Spree und Malxe angelegt wurde.

Ort: Peitz,
Landkreis Spree-Neiße
Bauzeit: 1554, 1809–1810, 1813/1839
www.peitzer-huettenwerk.de

◁ Hochofen von 1810

Hochofenhalle mit Balkenkran und Kupolöfen

Nachdem die Anlagen im 17. und 18. Jahrhundert u. a. durch Kriegseinwirkungen und Brände Schäden erlitten hatten, setzte zu Beginn des 19. Jahrhunderts ihr umfassender Wiederaufbau ein. Bis 1839 wurde der Großteil der heute noch erhaltenen Produktions-, Lager-, Verwaltungs- und Wohngebäude auf dem durch den Hammergraben geteilten Werksgelände errichtet. Den Kern der Anlage bildet die Hochofen- und Gießereihalle, welche zwischen 1809 und 1819 entstand. Zu ihrem umfangreichen überlieferten Maschinen- und Anlagenbestand gehören neben dem aus dem Jahr 1810 stammen-

(v. l. n. r.)
Hochofenhalle, links Emaillierwerk, mittig Turbinenhaus und Wehranlage, im Vordergrund Stauteich Hammergraben

den Holzkohlehochofen u.a. auch zwei Kupolöfen von 1831 und 1868 und eine Doppelzylinder-Gebläsemaschine von 1838. In dieser Zeit entstand auch ein Emaillierwerk, das die Poteriewaren des Hüttenwerkes veredelte.

Im Laufe des 19. Jahrhunderts zeigte sich die Eisengewinnung aus Raseneisenstein nicht mehr den wirtschaftlichen Anforderungen der Zeit gewachsen, womit der Niedergang des 1858 schließlich stillgelegten Hüttenwerks einherging. Bis 1898 wurde ein Teil der Gebäude noch von einer Privatgießerei betrieben, die übrigen Anlagen wurden zur Produktion von Papier und Textilien sowie für ein Sauerstoffwerk genutzt. Die benachbarten Teichanlagen zogen schließlich Fischereibetriebe auf das Werksgelände.

Das ehemalige Hüttenwerk sowie der Hammergraben erhielten bereits im Jahr 1938 Denkmalstatus. 1973 eröffnete in der Hochofenhalle ein Hüttenmuseum. Seit dem Jahr 2000 bemüht sich der Förderverein Hüttenwerk e.V. um die Entwicklung des Industriedenkmals. Gemeinsam mit der Stadt Peitz richtete der Verein in der mechanischen Werkstatt eine Dauerausstellung zur Industriegeschichte der Stadt ein. 2006 eröffnete in der Formerei ein Fischereimuseum.

Seit dem Jahr 2010 erfolgt mit öffentlichen Mitteln des Bundes, des Landes Brandenburg und der Stadt Peitz die schrittweise Sicherung und Instandsetzung des ehemaligen Eisenhüttenwerks, das aufgrund seines einzigartigen, funktionstüchtig erhaltenen Technikbestandes ein deutschlandweit einmaliges Denkmal der Metallindustrie ist.

Matthias Baxmann, Jessica Hänsel

(v. o. n. u.)
Hochofen

Turbine aus den 1920er Jahren

(Alle Fotos: Matthias Baxmann)

FERROPOLIS - Stadt aus Eisen

FERROPOLIS, die „Stadt aus Eisen“, ist der attraktive Ausflugs- und Eventort für Fans und Familien. Industriegeschichte und Musikkultur der Gegenwart gehen in der FERROPOLIS-Arena eine einzigartige Mischung ein.

Fünf gigantische Braunkohle-Bagger, insgesamt 7.000 Tonnen Stahl, entgingen der Verschrottung. Sie erinnern an eine Industrieepoche im Untergang. Fünfzig Jahre lang gruben sich ihre riesigen Schaufeln tief in die Erde und beförderten ca. 70 Mio. Tonnen Braunkohle zu Tage. Aus dem Tagebau wurde der Gremminer See bei Gräfenhainichen, der Geburtsstadt Paul Gerhardts. Hier liegt im Dreieck zwischen der Bauhausstadt Dessau, dem Wörlitzer Park und der Lutherstadt Wittenberg auf einer Halbinsel nun FERROPOLIS – die Stadt aus Eisen.

In der ungewöhnlichen Kulisse von FERROPOLIS traten schon viele bekannte Künstler auf, darunter Metallica, Die Ärzte, Die Toten Hosen, Kylie Minogue, Helene Fischer, Peter Maffay, Udo Lindenberg, Herbert Grönemeyer, André Rieu und Helmut Lotti.

FERROPOLIS bietet das ganze Jahr über Führungen über die Halbinsel an. Neben Informationen zu Geschichte und Zukunft der Stadt aus Eisen gibt es Erläuterungen zur Funktionsweise der Tagebaugroßgeräte und zur Bergbaugeschichte.

Eine besondere Attraktion ist ein Rundgang über ein Tagebaugroßgerät, wo man die faszinierende Technik hautnah erleben und zu gleich die Landschaft genießen kann.

In der ehemaligen Elektrostation zeigt eine kleine Ausstellung Exponate zur regionalen Bergbaugeschichte. Besonderer Höhepunkt der Ausstellung ist das Skelett eines Waldelefanten. Er lebte vor ca. 120.000 Jahren und wurde im benachbarten Tagebau Gröbern gefunden.

Auf den Wänden der ehemaligen Werkhallen schuf der Street-Art-Künstler *ecb* überlebensgroße Porträts von Bergleuten, die stellvertretend für alle stehen, die im Tagebau Golpa-Nord die Kohle gefördert haben.

FERROPOLIS ist Station auf der Europäischen Route des Industriellen Erbes ERIH.

Für die kleinen Besucher gibt es einen Spielplatz mit Schaukel, Rutsche, Klettergerüst und mechanischen Baggern.

Die *Osteria* in der Orangerie lädt von April bis Oktober zum Verweilen, Essen und Trinken ein.

Info

FERROPOLIS – Stadt aus Eisen
Museum und Veranstaltungen

Ferropolisstraße 1
06773 Gräfenhainichen
Tel.: 034953 - 351 20
info@ferropolis.de
www.ferropolis.de

WOCHE DER SONNE

DIE BRIKETTFABRIK »LOUISE« IN DOMSDORF

Das heutige Besucherbergwerk Brikettfabrik »Louise« ist ein herausragendes Zeugnis der Geschichte der Braunkohleförderung und -verarbeitung der Lausitz und zugleich die älteste vollständig überlieferte Brikettfabrik in ganz Europa.

Ort: Domsdorf,
Landkreis Elbe-Elster
Bauzeit: 1882
www.brikettfabrik-louise.de

Funktionsfähige Dampfbrikettpresse von 1883

Braunkohle wurde in der Umgebung der Ortschaft Domsdorf bereits seit den 1840er Jahren abgebaut. Für eine Durchsetzung als allgemein anerkannten Brennstoff war die Erhöhung des Brennwertes der sehr feuchten Kohle durch Brikettierung zwingend notwendig. Die Brikettfabrik in Domsdorf von 1882 war eine der ersten im Lausitzer Revier. Die beiden Dampfpressen der Fabrik wurden wegen wachsender Nachfrage um fünf weitere Brikettpressen ergänzt. Die letzten beiden stammen aus den 1980er Jahren. Daher kann der Besucher auf »Louise« die Entwicklung von Brikettpressen innerhalb von 100 Jahren authentisch nachvollziehen. Überliefert sind u. a. auch sechs Teller- und zwei Röhrentrockner aus den 1880er Jahren und vom Anfang des 20. Jahrhunderts, die zur Trocknung der Kohle dienten.

◁ Pressenhaus I, im Hintergrund Kühlhaus und Schornstein

Von ihrer Errichtung bis zur deutschen Wiedervereinigung war die Brikettfabrik »Louise« fast ununterbrochen in Betrieb. Noch im Jahr der Stilllegung des Werks wurden die Bauten und ihre historische technische Ausstattung in die Denkmalliste des Landes Brandenburg aufgenommen. Mit dem Verein Freundeskreis Technisches Denkmal Brikettfabrik »Louise« e.V. fand sich ein Akteur, der maßgeblich zur Erhaltung des

Kesselhaus

Industriedenkmals als Besucherbergwerk beigetragen und mithilfe von Fördermitteln der Bergbausanierung umfassende Instandsetzungsmaßnahmen an den Bauten und ihrer technischen Ausstattung durchgeführt hat. Im Jahr 2000 wurden die Anstrengungen des Vereins mit dem Denkmalpflegepreis des Landes Brandenburg ausgezeichnet.

Das Besucherbergwerk Brikettfabrik »Louise« erhielt 2004 den europäischen Denkmalpflegepreis »Europa Nostra« in der Kategorie »Architektonisches Kulturerbe«. Es ist außerdem ein Standort der »ENERGIE-Route« der Lausitzer Industriekultur. Im Rahmen von Führungen werden seine einzigartigen technischen Anlagen der Öffentlichkeit zugänglich gemacht und zum Teil in ihrer ursprünglichen Funktion vorgeführt. Auf diese Weise ist der gesamte Produktionsweg von der Anlieferung der Rohkohle bis zum fertigen Brikett nachvollziehbar.

Matthias Baxmann, Jessica Hänsel

◁ Nassdienst, Tellertrockner aus den 1890er Jahren

(Alle Fotos: Matthias Baxmann)

DIE ABRAUMFÖRDERBRÜCKE F 60 BEI LICHTERFELD-SCHACKSDORF

Ort: Lichterfeld-Schacksdorf, Landkreis Elbe-Elster
Bauzeit: 1988
www.f60.de

Bereits im 19. Jahrhundert wurde in der Lausitz der Braunkohlebergbau aufgenommen, der von da an die Wirtschaftsgeschichte dieser Region bestimmte. Nach dem Zweiten Weltkrieg setzte die DDR in großem Umfang auf den Ausbau der Braunkohleförderung, mit dem auch eine Weiterentwicklung der Fördertechnologie einherging – beispielsweise erwiesen sich Abraumförderbrücken zum Abtransport des sogenannten Deckgebirges über der Kohle in Revieren mit horizontaler Flözlagerung als besonders zweckmäßig. In der DDR wurden ab den 1950er Jahren getypte »Einheitsförderbrücken« hergestellt. Am Ende dieser technischen Entwicklung stand die Abraumförderbrücke Typ F 60, die mit 502 m Länge, 204 m Breite und fast 80 m Höhe zu den größten beweglichen Maschinen der Welt zählt. Ihr Name gibt Auskunft über die Abtragsmächtigkeit ihrer Verbundbagger, die im Hoch- und Tiefschnitt 60 m beträgt.

Insgesamt fünf Förderbrücken vom Typ F 60 wurden ab 1972 vom VEB TAKRAF Lauchhammer gebaut und im Lausitzer Braunkohlerevier eingesetzt. Vier der Großmaschinen sind heute noch in Betrieb. Die letzte Förderbrücke der Serie baute man ab 1988 für den Tagebau Klettwitz-Nord. Sie wurde bereits 1992, nach nur einem Jahr Betriebszeit, stillgelegt. Durch die Initiative der Landschaftsarchitektin Elke Löwe und der Gemeindevertretung des Dorfes Lichterfeld wurde die F 60 vor der Verschrottung bewahrt und 1998 in die Projektliste der Internationalen Bauausstellung (IBA) »Fürst-Pückler-Land 2000–2010« aufgenommen. Die Förderbrücke wurde an ihren heutigen Standort am Rande des gefluteten Tagebau-Restlochs verbracht und 2002 durch den Verein »Besucherbergwerk F 60« der Öffentlichkeit zugänglich gemacht. Sie ist auf einem etwa 1,3 km langen Rundweg begehbar und verfügt über eine Aussichtsplattform in 75 m Höhe. In ihrem ehemaligen Werkstattwagen vermittelt eine Dauerausstellung die Geschichte des Braunkohlereviers der Niederlausitz.

2006 wurde die Abraumförderbrücke F 60 an die Europäische Route der Industriekultur angeschlossen, 2009 folgte ihre Eintragung in die Denkmalliste des Landes Brandenburg. Mit ihr hat sich ein herausragendes Zeugnis der die Region prägenden Braunkohleindustrie und zugleich ein Symbol des Strukturwandels dieser Landschaft erhalten.

MATTHIAS BAXMANN, JESSICA HÄNSEL

(v. o. n. u.)
Abraumförderbrücke F 60, ehemaliger Tagebau Klettwitz-Nord

Detailansicht der sogenannten »Bergseite«, an der die Abraumbagger angeschlossen wurden

◁ Obere Windverbände der F 60 mit Portalkrananlage

(Alle Fotos: Matthias Baxmann)

DIE »BIOTÜRME« DER EHEMALIGEN GROSSKOKEREI IN LAUCHHAMMER

Die Biotürme der ehemaligen Großkokerei Lauchhammer zeugen als unverwechselbare Landmarke von der Bedeutung, die diesem einstigen Standort der Braunkohleindustrie in der DDR zukam. In Lauchhammer entstand zwischen 1951 und 1957 ein zu diesem Zeitpunkt weltweit einzigartiges Werk, in dem nach dem Verfahren der Freiberger Wissenschaftler Georg Bilkenroth und Erich Rammler erstmals die Herstellung von hüttenfähigem Braunkohlen-Hochtemperatur-Koks großtechnisch realisiert werden konnte. Die Kokerei verfügt über 24 Ofeneinheiten mit 96 Koksöfen, von denen die ersten bereits 1952 in Betrieb gingen.

Nach der Stilllegung der Kokerei im Jahr 1991 wurde sie fast vollständig abgerissen. Lediglich einige Verwaltungs- und Funktionsgebäude sowie die der biologischen Nachreinigung der Kokereiabwässer dienenden Turmtropfkörper, die sogenannten Biotürme, blieben verschont. Diese mehr als 22 m hohen Ziegelbauten sind in sechs Gruppen zu je vier gekoppelten Türmen zusammengefasst. Durch einen Kern aus Stahlbeton, in dem sich jeweils ein Treppenhaus befindet, werden die Türme innerhalb der einzelnen Gruppen miteinander verbunden. Ursprünglich waren die Türme mit Hochofenschlacke gefüllt, über der das Abwasser verrieselt und mithilfe von Bakterien biologisch geklärt wurde.

Nachdem sie 1996 in die Brandenburgische Denkmalliste eingetragen worden waren, blieben die Biotürme zunächst noch bis 2002 zur Grundwasserreinigung der Industriebrache in Betrieb. Anschließend drohte ihnen ebenfalls der Abriss. Mit der Aufnahme in die Projektliste der Internationalen Bauausstellung »Fürst-Pückler-Land 2000–2010« und der Übernahme durch eine Tochtergesellschaft der Stiftung Kunstgussmuseum Lauchhammer eröffnete sich die Möglichkeit, die Biotürme zu sanieren. 2008 wurde das Industriedenkmal der Öffentlichkeit zugänglich gemacht. Eine der Turmgruppen erhielt zwei auskragende Stahl-Glas-Aussichtskanzeln. Die Biotürme werden von einem Betonrahmen eingefasst, auf dem durch Markierungen die baulichen Strukturen der ehemaligen Großkokerei ablesbar sind. Führungen des Traditionsvereins Braunkohle Lauchhammer e.V. vermitteln die Geschichte des an die »ENERGIE-Route« der Lausitzer Industriekultur angeschlossenen ehemaligen Industriestandortes.

Matthias Baxmann, Jessica Hänsel

◁ Aussichtskanzeln an der Turmtropfkörpergruppe 6

Ort: Lauchhammer,
Landkreis Oberspreewald-Lausitz
Bauzeit: 1957
www.biotuerme.de

(v. o. n. u.)
»Castel del Monte« der Lausitz: Turmtropfkörpergruppen zur biologischen Abwasserreinigung der Großkokerei in Lauchhammer

Blick von der Aussichtsplattform der Turmtropfkörpergruppe 6

Biotürme mit Belebtschlammbecken im Vordergrund

(Alle Fotos: Holger Herschel)

DIE KUNST- UND GLOCKENGIESSEREI LAUCHHAMMER

Ort: Lauchhammer
Landkreis Oberspreewald-Lausitz
Bauzeit: seit 1725
www.glockengiesserei-lauchhammer.de
www.kunstguss.de

In seinen *Metamorphosen* spricht bereits Ovid von einem kommenden eisernen Zeitalter. Was der römische Dichter vor 2000 Jahren nur ahnte, entpuppte sich im 19. Jahrhundert als neue Industrieepoche: Der Werkstoff Eisen wurde nicht nur zur wichtigsten Grundlage für Wirtschaftsentwicklung und Industrialisierung in Preußen, zur Popularität des legendären »Berliner Eisens« trug auch der Eisenkunstguss bei. Er entsprach dem Zeitgeist des Klassizismus, zudem sorgte preußischer Patriotismus dafür, dass das Metall Eisen bei der Bevölkerung allgemeine Wertschätzung erfuhr. Neben den Königlich Preußischen Eisengießereien in Berlin, Gleiwitz und Sayn sorgte dafür vor allem auch das Eisenwerk im sächsischen Lauchhammer, ab 1815 Preußen zugehörig. Dort gelang bereits 1784 der weltweit erste Guss einer Großfigur im Wachsausschmelzverfahren. Damit begann der Siegeszug des Eisenkunstgusses und eine jahrzehntelang andauernde Blütezeit für die Eisengießerei Lauchhammer. Detlef Carl Graf von Einsiedel hatte die seit 1725 bestehende Hütte mit dem ersten Hochofen im Jahr 1776 übernommen und machte sie zur führenden Kunstgießerei Kursachsens. Zeitgenossen erklärten Lauchhammer gar überschwänglich zum »kunsttechnischen Wallfahrtsort«. Denn die Eisengießerei lieferte in Eisen geformte Kunst, wie sie zuvor in Europa nicht bekannt gewesen war: Skulpturen, Figurengruppen, Büsten, Vasen, Antikabgüsse. Um künstlerisch hochwertige Modelle abzugießen, beauftragte der Graf von Einsiedel von Beginn an auch Bildhauer von Rang. So finden sich in der Unternehmenschronik Namen wie Rauch, Schadow oder Thorvaldsen, deren Modelle bis heute noch nachgegossen werden. Seitdem haben viele namhafte Künstler in Lauchhammer gießen lassen, und ihre Großplastiken und Skulpturen sind weltweit zu finden. Ernst Rietschels berühmtes Luther-Ensemble für Worms mit seinen zwölf Einzelstatuen, acht Reliefbüsten und 24 Städtewappen von 1868 ist bis heute das größte Bronzedenkmal Deutschlands.

Neben Skulpturen, Denkmälern und Tierplastiken ist die Palette der Produkte aus der Kunstgießerei damals wie heute groß: filigraner Eisen-, Raum- und Tafelschmuck, Statuetten, Reliefs, Porträtplaketten, Kandelaber, Geländer, Brunnen, Laternen, Stadtmöbel, Kamine, Grabmäler bis hin zu Fenster- und Türbeschlägen.

So hat der Kunstguss im Wachsausschmelz- oder Sandgussverfahren, die eigentliche Domäne der Kunstgießerei Lauchhammer, einst deren guten Ruf begründet. Erst später widmete man sich in Lauchhammer auch dem Glockenguss: 1834 und 1839 wurden die ersten Eisenglocken gegossen, 1852 die

◁ Modell der Glockenformherstellung

Abguss einer Bronzeglocke

erste Bronzeglocke. Doch im 19. Jahrhundert waren die Glockengüsse eher sporadisch. Die erste richtige Bronzeglockengießerei wurde erst nach dem Ersten Weltkrieg eingerichtet.

Glocken aus Lauchhammer läuteten beispielsweise in der Stiftskirche in Quedlinburg, der Liebfrauenkirche in Halberstadt, der Schlosskirche in Wittenberg und im Berliner Dom. Die Berliner Domglocke ist mit drei Tonnen Gewicht die einzige noch erhaltene Großglocke aus Lauchhammer. Die meisten der etwa 500 bis zum Zweiten Weltkrieg gegossenen Bronzeglocken wurden wie auch die 4,5 Tonnen schwere Wittenberger Glocke eingeschmolzen. Heute existieren nur noch 35 Glocken aus dieser Zeit.

Während der DDR-Zeit gab es keine Glockenproduktion, erst nach der Privatisierung ab 1993 begann diese wieder. Das südbrandenburgische Dorf Dübrichen bekam die erste Glocke aus der Lauchhammer Kunstguss GmbH.

Seitdem bietet die Kunstgießerei auch die Möglichkeit für Besucher, dem Abguss einer Glocke beizuwohnen. Besonders eindrucksvoll ist die Visite, wenn sich dort die Mitglieder einer Gemeinde zur Glockenandacht versammeln.

Wie eine Glocke geformt wird, und zwar ausschließlich im Lehmschablonen-Formverfahren, ist in der Formerei zu besichtigen. Die wichtigsten Arbeiten dabei sind das Errech-

Blick in die Schmelzofenhalle. Hier wird das Metall aufgeschmolzen

Neue Glocken zum Abtransport auf dem Hof der Kunstgießerei

nen des Glockenprofils und die Herstellung der Schablone. Wie gut die Glocke am Ende klingt, liegt hauptsächlich in der Hand der Former.

In der Gießhalle erfolgt dann der Abguss. Doch vor dem Abgießen wird erst noch einmal die Temperatur der über 1 000 °C heißen Schmelze überprüft. Mittels eines Krans kippen dann die Gießer den Tiegel mit der rotglühenden Schmelze aus Kupfer, Zinn und etwas Blei so an, dass das Metall, die Legierung, langsam in die Glockenform fließen kann. Bis durch eine kleine Öffnung, die ein Glockengießer mit Holzkohle zudeckt, nur noch das Rot des Metalls zu sehen ist.

Nach zwei Tagen ist die Form abgekühlt. Die Glockengießer zerschlagen sie und die neue Glocke kommt zum Vorschein. **Bevor sie allerdings auf den Hof der Gießerei zum Abtransport gestellt wird, verrichtet erst noch der Glockenprüfer seine Arbeit. Ohne Endabnahme verlässt keine neue Glocke das Werk. Schließlich darf sie keinen Missklang erzeugen. Andernfalls muss nachgearbeitet, das heißt innen an bestimmten Stellen etwas vom Metall abgeschliffen werden.** Seit der Privatisierung verließen bereits mehr als 200 Glocken das Werk, die größte für den Halberstädter Dom mit 8,3 Tonnen Gewicht und einem Durchmesser von 2,35 m.

Reinhard Wahren

(Alle Fotos: Hendrik Bäßler)

GEBLÄSEMASCHINE

DIE BALANCIER-ZYLINDERGEBLÄSE-MASCHINE IN LAUCHHAMMER

Ort: Lauchhammer, Ortsteil Lauchhammer-Süd, ehemals Dolsthaida, Landkreis: Oberspreewald-Lausitz
Bauzeit: 1836/1837

◁ Gebläsemaschine mit dem gusseisernen Wasserrad rechts

Brandenburg-Preußen stieß nach dem Ende der Napoleonischen Kriege das Tor zur Moderne weit auf. Das Herz der Schwerindustrie des preußischen Kernlandes schlug in der ersten Phase der industriellen Revolution des 19. Jahrhunderts in der Niederlausitz und im Finowtal nordöstlich von Berlin. Durch den Wiener Kongress fielen 57 Prozent der Fläche Sachsens mit 42 Prozent der Einwohner an Preußen, damit auch die gewerbsfleißige sächsische Nieder- und Teile der Oberlausitz. Sachsen verlor u. a. Lauchhammer im Süden des heutigen Bundeslandes Brandenburg an Preußen und damit einen wichtigen Standort der Raseneisenerzverhüttung und -verarbeitung seit Anfang des 18. Jahrhunderts. Die Genese der Wirtschaftswundergeschichte in der unwirtlichen Niederlausitzer Heide ist eng verbunden mit den sächsischen Adelsfamilien von Löwendal und von Einsiedel.

(v. o. n. u.)
Werkhof Eisenwerk Lauchhammer

Johann Friedrich Trautscholdt

Detlef Graf von Einsiedel, Bronzebüste von Herman Hultzsch

Lauchhammer war im letzten Drittel des 18. bzw. Anfang des 19. Jahrhunderts vor allem als Mekka für einen herausragenden Eisenkunstguss bekannt, der Künstler aus ganz Europa anzog. Selbst Goethe nahm die Strapazen einer Reise nach Lauchhammer auf sich und gab hier Brunnenfiguren aus Eisen für das Weimarer Schloss in Auftrag. Der Hype um den Eisenkunstguss währte nur etwa 50 Jahre. Daher war es Detlef Graf von Einsiedel und vor allem seinem Oberfaktor Johann Friedrich Trautscholdt zu verdanken, dass sich in Lauchhammer neben dem Kunstguss ein Eisenwerk mit einer breiten Produktpalette entwickelte. Die erste deutsche Werksgeschichte, verfasst vom Oberfaktor (heute Generaldirektor) Trautscholdt, hat diese zweite Wirtschaftswundergeschichte Lauchhammers überliefert. Fortan produzierte man hier landwirtschaftliche Maschinen, Schrotmühlen, Maschinenteile für Spinnereien, Salinen, Mühlen und Bergwerke, aber auch Kanonen. Für den Bergbau im Erzgebirge produzierte das Lauchhammerwerk in dieser Zeit Wassersäulenmaschinen, Dampf- und Gebläsemaschinen sowie gewal-

(v. o. n. u.)
Gebläsemaschine um 1930

Gusseisernes Wasserrad von 1837

(Alle Fotos und Reproduktionen: Matthias Baxmann)

tige gusseiserne Wasserräder. Von Einsiedel und Trautscholdt begründeten damit den bis heute existierenden Bergwerksmaschinenbau, der am Standort Lauchhammer durch die Firma Tenova TAKRAF weiterlebt.

Ein einzigartiges technikgeschichtliches Artefakt für den innovativen Maschinenbau dieser Zeit ist das sogenannte Lauchhammergebläse. Die gewaltige Maschine wurde anlässlich des 200. Jahrestages der Fabrikgründung durch die tatkräftige Freifrau von Löwendal im Jahr 1725 von Halsbrücke in der Nähe des sächsischen Freiberg wieder »nach Hause« nach Lauchhammer geholt und 1929 vor dem Eingang des Eisenwerks (in der DDR VEB Bagger-, Förderanlagen- und Gerätebau Lauchhammer) aufgestellt.

Das Eisenwerk Lauchhammer fertigte in den Jahren 1836/37 die Maschine nach Plänen des Freiberger Maschinendirektors Christian Friedrich Brendel für die Schmelzöfen des Königlichen Hüttenwerks Halsbrücke bei Freiberg. Das neue Gebläse wurde Ende 1837 fertiggestellt und absolvierte am 18. Dezember 1837 seinen Probebetrieb. Über jenes denkwürdige Ereignis berichtete Maschinenmeister Döring folgendermaßen: »Der Sicherheit wegen und um das Ganze besser übersehen zu können, ließ ich das Getrieberad der einen Kurbelstange ausrücken und nur mit zwei Zylindern blasen. Allein das schreckliche Rasaunen, das sich beim Anlassen hören ließ, war so entsetzlich, dass ich den ganzen Versuch bald einstellte«. Gleichwohl, die hochherrschaftliche Abnahmekommission war dennoch beeindruckt, und am nächsten Tag wurde das Experiment erneut und erfolgreich wiederholt. Die Maschine, die in Halsbrücke die Verbrennungsluft der dortigen Bleischachtöfen verdichtete, wurde an ihren Bestimmungsort ausgeliefert, wo sie bis 1925 zur vollsten Zufriedenheit arbeitete. Das im Land Brandenburg einzigartige technische Denkmal symbolisiert heute den hohen Stand der Fertigung von Maschinen, Geräten und weiteren technischen Ausrüstungen aus dem Lauchhammerwerk in der ersten Periode der industriellen Revolution. Die imposante, dreizylindrische Maschine aus Gusseisen wird durch dorische Säulen geschmückt, welche die mächtigen Schwinghebel tragen – ein Maschinendesign, das mit Elementen antiker Architektur Produzentenstolz manifestiert. Ein gewaltiges gusseisernes, oberschlächtiges Wasserrad (1,60 m breit mit einem Durchmesser von 4,40 m) brachte über ein doppeltes Zahnradvorgelege die Kraft zu den drei Zylindern der Anlage. Über drei Exzenter, Kuppelstangen und Wippen wurde in den Zylindern (0,86 m Durchmesser, 1,40 m Hub) die Gebläseluft verdichtet. Die Anordnung der Kuppelstangen gewährleistete eine beständige Luftbeförderung. Der Kaufpreis von 4 000 Talern war für die damalige Zeit ebenso stattlich wie die Maschine selbst.

Matthias Baxmann